LA
MUSE NORMANDE.

Tiré a 250 exemplaires — dont 190 sur papier ordinaire in-12, et 60 sur grand carré vergé in-8°.

ÉVREUX, IMP. DE CANU.

LA
MUSE NORMANDE,

DE Louis PETIT, DE ROUEN,

EN PATOIS NORMAND.

1658.

Publiée d'après un manuscrit de la bibliothèque de M. L^d M**,
de Louviers,

PAR ALPH. CHASSANT,

cien Correspondant du Ministère de l'Instruction publique
pour les travaux historiques.

« Je ne sieu pas trop fin, je te le débagoule,
» Et n'ay pas tant d'espri que tous chais biaus mousieus
» Cheniomains queuque fais je lingue de ma goule
» Dé propos bien jantis tout ainla qu'vn biau fieus. »

PETIT.

ROUEN,
A. LE BRUMENT, Libraire-Editeur,
55, quai Napoléon.

1853.

S‍ATISFAIRE simplement la curiosité qui d'ordinaire s'attache aux œuvres badines ou satiriques écrites dans la langue si pittoresque, si primitive des patois, n'est pas l'unique but qu'on s'est proposé dans la publication de cette nouvelle Muse normande. Nous avons osé croire, quoi qu'en ait dit un critique (¹), que la science

---

(¹) M. Edélestand Duméril, dans la préface de son *Dictionn. du Patois normand*, déclare qu'il est impossible de tirer aucun parti des écrits en vers normands qui ne sont que de mauvais pastiches sans vérité. Bien plus, parlant des poésies qui composent la *Muse normande* de David Ferrand, 1621-1655, cet auteur ajoute : « Eussent-elles habilement copié la langue du peuple, ces poésies d'un bel esprit prétentieux nous auraient été bien inutiles : ce singulier patois est trop essentiellement différent de celui du reste de la province pour qu'on puisse lui supposer une même origine et le réunir dans le même vocabulaire. » Erreur. Le patois de la *Muse normande* est en partie celui du pays de Caux ; et loin d'être restreint comme le pense M. Duméril aux quartiers Saint-Vivien et Martainville de Rouen, il est parlé bien au-delà

philologique pouvait trouver à s'exercer dans ces compositions, où les auteurs se sont étudiés à reproduire le jargon populaire dans toute l'exactitude de ses formes et de sa prononciation locale.

C'est en copiant la parole du peuple, sous sa dictée même, que les auteurs des *Sarcelles* (²), de la *Muse normande* de 1655 (³), du *Coup d'œil purin* (⁴) et de jargons villageois dans les comédies, ont su, par ce cachet de vérité, intéresser à leurs œuvres. « Le patois des paysans de théâtre, dit M. Génin, dans ses « variations de la langue française » (page 299), n'est autre chose que l'ancienne langue populaire, c'est-à-dire la véritable langue française, notre langue primitive qui s'est déposée au fond de la société et y

des murs de cette ville. Un grand nombre de mots et de locutions contenus dans les poésies de Durand se retrouvent jusque dans les campagnes de Louviers. M. Duméril, faute d'un examen plus approfondi du patois de la haute Normandie, a privé son dictionnaire d'une foule de mots anciens qui tous les jours frappent nos oreilles. Son livre, ainsi limité au patois de la basse Normandie, n'en est pas moins le fruit d'un travail sérieux, tel que les philologues doivent le désirer.

(²) Harangues des habitans de la parroisse de Sarcelle à monseigneur l'Archevêque de Paris et au Roy. — A Aix, J. B. Girard, 1751, in-12.

(³) Inventaire de la Muse normande, ou Recueil de plusieurs ouvrages facécieux en langue purinique ou gros normand. Par David Ferrand. — Rouen, chez l'auteur, 1655, in-12.

(⁴) Ou conversation entre quatre personnes du bas peuple de la ville de Rouen. A Tote (Rouen), chez le grand-père de Fiquet, dit vil normand, hôtelier, à l'enseigne de la Valise de Milord escamotée, etc., 1775, in-8°.

demeure immobile. C'est de la vase, disent avec dédain les modernes. Il est vrai, mais cette vase contient de l'or, beaucoup d'or. » C'est aussi l'opinion de Ménage, Leibnitz, Charles Nodier et autres philologues qui ont vu dans les patois la véritable source des langues.

Il convient donc de ne pas négliger les patois de nos anciennes provinces, puisque c'est par eux que nous arrivons à la connaissance parfaite des origines de notre français. Et surtout quand il s'est trouvé des écrivains qui, à différentes époques de notre littérature, ont bien voulu employer leurs plumes à retracer, sous une forme littéraire quelconque, le langage vulgaire et caractéristique de certaines masses du peuple, loin de dédaigner un tel labeur, si mince, si futile qu'il paraisse par le sujet, la philologie au contraire doit en faire son profit.

Tout document littéraire, plus ou moins ancien, dont on peut extraire des filons de notre langue primitive, mérite d'être signalé.

Déjà nous avons fait connaitre deux poèmes (¹) en langue franco-normande du XIV⁰ siècle, dans lesquels l'auteur bayeusain quitte en maintes occasions la langue littéraire, la langue écrite, pour prendre le patois de son pays, tant

---

(¹) L'Advocacie Notre-Dame, ou la vierge Marie plaidant contre le diable. — La chapelle du château de Bayeux. Voy. Recueil de la Société libre de l'Eure, 1847-48.

VIII

l'emporte chez lui l'influence de la langue parlée.

Si les amateurs de notre littérature normande recherchent avec intérêt les poésies en langue *purinique* de David Ferrand, connues sous le titre général de la *Muse normande*, celle que nous leur offrons ici n'aura sans doute pas moins d'attraits pour eux, puisqu'elle est due à la plume d'un poète rouennais, qui prit part à la Publication de Ferrand.

Ce poète, peu connu des biographes, est Louis Petit, né à Rouen vers 1615, et mort en cette ville en 1693 à l'âge de 78 ans. Ami intime de P. Corneille, il quitta, dit-on, son emploi de receveur général des domaines et bois du roi, à Rouen, pour suivre Corneille à Paris, et se livrer entièrement aux belles-lettres. La poésie et la musique faisaient ses plus doux passe-temps. Admis avec bienveillance à l'hôtel Rambouillet, il s'y fit estimer par la grâce de ses manières et le charme de sa conversation. Les ducs de Montausier et de Saint-Aignan se déclarèrent ses amis. Ce dernier se plaisait dans ses lettres à l'appeler « son confrère en Apollon. » Petit correspondait en outre avec plusieurs savants de son siècle. Le P. Commire, grand poète latin, lui adressa son poème intitulé : *Cicures Lusciniæ tota hieme decantantes*.

A la mort de Corneille, 1684, Paris, malgré

ses femmes aimables et ses beaux esprits, n'eut plus de séductions pour notre poète. Petit revint à Rouen, y publia les pièces de théâtre de son ami, et livra aussi à la presse ses *Satyres générales*, 1686, qu'il dédia au duc de Montausier. Nous n'avons pu vérifier si, *Paris ridicule*, pièce satyrique, par Petit, 1672, est bien de notre auteur. L'abbé Goujet, dans sa Bibliothèque françoise (tom. XVIIIe), lui attribue des *Dialogues satyriques et moraux*, en prose, qui parurent aussi en 1686, et dont il est fait un grand éloge dans les *Nouvelles de la république des lettres*, du mois de mai 1687, art. V. Les Recueils du temps, celui de Sercy entre autres, contiennent des pièces fugitives de Petit [1].

« On sait, dit encore l'abbé Goujet (ibid.), que le même auteur a fait plusieurs pièces de Luth », et l'on m'a assuré qu'il avait eu part à la Muse normande. » Cette déclaration, qui pouvait passer pour hasardée, acquiert donc aujourd'hui un degré de certitude par la découverte que nous avons faite de poésies en patois normand, émanées précisément d'un poète contemporain et concitoyen de Ferrand, l'auteur de la *Muse normande*, de 1621 à 1655.

[1] Voir *Recueil de quelques pièces nouvelles et galantes*, 1657, 2 vol. in-12. Nous avons la preuve que l'abbé Goujet s'est trompé lorsqu'il a attribué à un autre Petit les pièces de ce recueil, signées du même nom.

Mais quelle part prit à celle-ci notre auteur, c'est ce que nous ignorons.

C'est dans un recueil manuscrit, renfermant *les OEuvres poétiques de Louis Petit*, à la date de 1658, que nous avons rencontré, parmi plusieurs pièces inédites, LA MUSE NORMANDE que nous publions. Heureusement tombé entre les mains d'un bibliophile de Louviers, M. Léopold Marcel, ce manuscrit nous a été obligeamment communiqué pour en extraire tout ce qui peut intéresser les lettres. C'est donc avant 1658 que Louis Petit composait en patois normand diverses pièces, destinées sans doute à figurer dans la Muse normande de Ferrand, qui, commencée en 1621, cessa de paraître en 1655.

Louis, poète modeste, peu avide de publicité, qui rimait pour son « amusement » ou celui de sa maîtresse, ensevelit les productions inédites de sa Muse normande dans un Recueil de ses poésies manuscrites, qu'il dédiait, sous une belle reliure du temps (maroquin rouge, filets et tranche dorés), à la dame de ses pensées, *Olympe de Gromény*.

Cette Olympe avec laquelle notre poète entretenait un commerce de vers galants était une noble dame du pays de Caux, que sa beauté et son esprit avaient fait surnommer par les poètes ses amis la *Reine cauchoise*. Sa facilité à versifier la rendait habile dans l'impromptu (¹). « Elle valait cent précieuses du plus haut prix. Le gentil et gay rimeur Sarrasin étant un jour venu lui faire visite, bien que plein d'un feu pétillant, comme Olympe il ne put rimer à l'impromptu ; dont certes il fut un peu triste. Il rima néanmoins, mais ce garçon rare et divin la suivait de loin à la piste. » Nous devons donc à la belle amie de l'auteur, et après elle au hasard, de nous avoir conservé des poésies manuscrites qui nous font pénétrer plus intimement dans les pensées et la vie du poète Petit.

Le Recueil poétique, dédié à Olympe, et dont nous reproduisons, en guise de préface, deux pièces préliminaires, est divisé en neuf livres et nous montre que, selon l'exigence des circonstances ou la fantaisie de sa muse, Petit attaquait résolument tous les genres de poésies, tels que l'ode, les stances, le sonnet, l'épigramme, l'épître, la lettre en vers et en prose, les vers irréguliers, la poésie chrétienne et la poésie en gros normand. Toutes ces pièces di-

---

(¹) Dans une épître en vers libres, L. Petit exhorte le comte de St-Aignan à chanter Olympe.

<pre>
        Que pourrions-nous chanter de mieux
        Que l'illustre reyne Cauchoise
        Avec qui le plus blond des dieux
        Agréablement s'apprivoise.
        Comte, ce sujet est plus beau
        Pour notre gentil chalumeau
        Que l'Alaric, que le Moïse, etc.
                    (Poés. man.)
</pre>

verses, qui ont bien le cachet du temps, sont en partie à l'adresse de femmes spirituelles et jolies ; telles nous apparaissent, sous la plume galante de notre poète, mesdames la présidente de Franquetot, de Motteville, la marquise de Rambouillet, de Plainmarais, Baillet, de Maisons, la marquise de Socour, de Gromeny, de Saint-Aignan, de Lanquetot, Lavocat, de Revel, et mesdemoiselles de Sainte-Croix, de Villeneuve, de Saint-Just, de Langle, de la Luzerne, de Feuguerolles. Quelques amis de l'auteur figurent aussi dans ce recueil galant, ce sont messieurs le comte de Saint-Aignan, d'Incarville, de Gauville, de Mouchy, de Gremonville, de Lanquetot et l'abbé de Monf...

Ces œuvres poétiques manuscrites, et les autres compositions imprimées que nous avons indiquées, paraissent former tout le bagage littéraire de Louis Petit.

Ses poésies en général accusent beaucoup de facilité. Mais Louis ne s'est jamais fait illusion sur ses œuvres : il ne prenait pas de la facilité pour du génie. Il savait très-bien que, pour une pièce qui se distingue par la verve et la richesse de l'expression, dix autres sont froides et sans couleur. Si ses poésies contiennent des négligences, elles ont aussi les défauts de leur temps. Né vers le commencement du XVIIe siècle, Petit, au début de sa carrière de poète, dut se ressenlir des tâtonnements d'une époque littéraire où il y avait des modèles, mais pas de doctrine. Ronsard, en dépit de Malherbe, exerçait encore son influence sur beaucoup de poètes. Chapelain était en honneur, et la cabale s'exerçait contre Corneille dont le génie indépendant créait des vers pleins de noblesse et de sentiment. Quand le législateur du Parnasse apparut, la muse de L. Petit avait déjà pris les défauts des vieux maîtres. Avec son insouciance de la gloire, Louis s'en tenait à sa « musette de village », nom qu'il donnait à sa muse trop simple et trop légère pour chanter les héros (¹).

C'est en vain que son ami Corneille « l'exhortait à polir ses ouvrages et à composer quelque chose d'héroïque »; il lui répondait d'un ton railleur :

> Damon, ma muse libertine
> Ne peut s'assujétir aux loix
> Des neuf filles de Mnémosyne,
> Quand elles marchent auec poids.
> Je laisse à ces grandes ccruelles
> Remplies de leurs estincelles
> A chanter des vers avec art :
> Je renonce au style sublime;
> Et quand auec succèz je rime
> En vérité, c'est par hazard.
>
> Je n'aspire point à la gloire
> De ces écriuains de renom

(¹) C'est pour donner une idée de sa musette de village et en montrer la grâce naïve que nous avons reproduit une *ballade* de son recueil, à la suite de la Muse normande.

Qui dans le temple de mémoire
Veulent éterniser leur nom.
. . . .
. . . .
Pourueu que cent dames aimables,
Pour qui je chante simplement,
Trouuent mes rimes agréables,
Je me tiens payé noblement.
. . . .
. . . .

Tels étaient en 1658 les sentiments de notre poète dont la muse badine et galante ne demandait qu'à folâtrer, tant elle avait horreur du travail soutenu qu'exigent les grandes compositions. Invoquer l'amour, peindre son martyre à une Amaryllis inhumaine, essayer sur son luth des stances musicales, correspondre avec ses confrères en Apollon, fréquenter les cercles des beaux esprits, faire de la poésie mystique avec une jolie dévote, disserter galamment avec une précieuse, composer pour les ruelles, épigrammes, rondeaux, ballades, etc., badiner avec la muse populaire, c'était là en somme la vie douce et facile que Louis Petit s'était choisie. Mais avec l'âge il changea d'humeur et de style. Passant du plaisant au sévère, après avoir ri il devint grondeur; en 1686 Louis tenait ce langage :

« Jusqu'icy de l'amour j'ay chanté les tendresses
Dans mille vers badins à de jeunes maîtresses ;
Mais ma muse aujourd'huy prend d'autres sentiments
Qui s'accorderont mieux avec mes cheueux blancs.

Il est temps de quitter l'esprit de bagatelle,
A des vers sérieux la satyre m'appelle
Non pour mordre les gens, mais pour les corriger
Des vices où souuent on les voit s'engager (¹).

En effet, L. Petit, révolté des abus de son siècle, s'arma du fouet de la satire. Mais, comme « il n'en voulait à personne en particulier, » personne ne jeta les hauts-cris, et ses *Satyres générales*, exemptes de noms propres et par cela même privées de ce *ridiculum acri* qui contribue si bien au succès des vers satiriques, passèrent inaperçues.

C'est dans ces *Satyres générales* qui terminent sa carrière poétique que Louis, vieux rimeur et qui se traite encore d'écolier, quand il se compare à Boileau, porte sur lui-même et sur ses vers ce jugement rigide dont peu de poètes donnent l'exemple :

« Chacun a sa sorte de génie et le mien n'eut jamais rien d'amer. J'auoue qu'il n'est pas d'une grande éléuation, ainsy ma muse chante assez uniment. Elle n'est point soutenue de ces expressions fortes et recherchées qui font la grande beauté d'un ouurage, et qui obligent souuent à se récrier............

» Qu'il n'y ait bien des choses à reprendre dans mes vers, je ne m'en défends point, bien

---

(¹) Discours satyriques et moraux ou satyres générales. - Rouen, 1686, in-12, voy. saty. 1ʳᵉ.

loin de cela, qui me les corrigerait bien exactement, me ferait un insigne plaisir.» (Préf. des Saty. gén.).

Petit s'éteignit comme il avait vécu, sans bruit, sans éclat. L'estime de ses amis, l'affection de sa maîtresse suffirent à cette âme honnête et simple, plus passionnée pour le myrte que pour le laurier.

Et si la MUSE NORMANDE, que nous avons dérobée à la modestie de cet auteur, n'obtient pas l'accueil que nous espérons, on voudra bien n'en accuser que notre zèle indiscret.

Alp. Ch.

Evreux, mai 1853.

MUSE NORMANDE.

DÉCLARATION DE L'AUTHEUR

EN FAVEUR D'OLYMPE.

Je soussigné très-humble et très-obéissant serviteur de l'incomparable Olympe: rimeur né dans la terre normande, et qui n'ay jamais fait de vers que pour me diuertir, certifie et déclare à tous lecteurs présents et à venir jusques à la consommation des siècles, si besoin est, que je dédie ce recueil de mes poésies, écrit à la main, à la dite incomparable Olympe, et non à d'autres; et, que si je prétendois à la gloire ordinaire des écriuains, je tiendrois la mienne, pour le moins aussy bien establie par ceste dédicace, que si je mettois mon liure sous la protection de vingt et deux impératrices, fussent-elles plus puissantes que la fameuse impératrice de Trébizonde : me souciant fort peu de l'approbation du public pourueu qu'Olympe me donne la sienne. En foy de quoy j'ai signé la présente déclaration le vingtiesme jour de juillet mil six cens cinquante-huict.

PETIT.

L'AUTHEUR A SON LIVRE MANUSCRIT.

En vérité, mon liure, vous n'estes guères sage de me solliciter de vous mettre sous la presse; et il me semble que vous deuriez estre assez content de moy de ce que je ne vous ay point mis au feu. Vous vous plaignez de ce que vous n'estes qu'escrit à la main; n'est-ce pas assez pour vous? mais encore d'où vous vient cet orgueil de vouloir estre imprimé? vous voudriez donc paroistre en public? présomptueux que vous estes. Ne voyez-vous pas comme il en prend à ceux qui s'y exposent avec trop de témérité? quelque héros ou héroïnes qu'ils ayent pris pour la protection de leurs ouurages, ils n'ont pas laissé d'estre attaquez puissamment par l'enuie et par la critique. Ainsy, bien que le mérite d'Olympe que j'ay choisie pour vostre protectrice ne cède en rien à celuy de la plus célèbre héroïne du monde, n'espérez pas pour cela d'estre à couuert de l'orage et quand vous seriez

Tout couuert de lauriers, craignez encor la foudre.

Je veux bien que vous sachiez que je ne vous tire:

point de mon cabinet ny pour ma fortune ny pour ma gloire, mais seulement pour le diuertissement d'Olympe à qui ma muse ne déplaist pas. Et, bien loin de vous fascher de ce que je vous laisse escrit à la main, vous deuriez m'en faire mille remerciements; car, comme vous aurez peu de lecteurs, vous aurez peu de critiques. Mais venez ça, mon liure, estes vous assez fou pour croire que le nom d'un libraire vous donnast de la réputation, et qu'après qu'il vous auroit bien préconisé dans la gallerie du Palais, en vous présentant aux passants, comme un ouurage excellent, vous deuinssiez moins imparfait que vous n'estes? vous sçauez que la pluspart des autheurs qui se flattent de cela pour leurs liures, se trouuent souuent fort éloignéz de leur compte; qu'ils trouuent tousiours mieux auec le libraire qu'auec le public. N'ayons point tant d'ambition que ces gens là, et n'aspirons point à beaucoup d'honneur du costé de la plume, afin de nous point mettre au hazard de perdre le peu que nous en auons acquis. Au reste, mon liure, de songer au profit, ce serait un sentiment trop bas : quand vous seriez le plus bel ouurage du monde, je ne vous porterois pas pour cela au marché des muses mercenaires, je me garderois bien de vous couurir de cette infamie; et à Apollon ne plaise que j'allasse donner une chose sacrée pour de l'or, qui est le prix ordinaire des choses profanes. Vostre unique but doibt estre de plaire à Olympe, et vous ne ferez pas mal de vous défaire de la pensée (si vous l'avez) d'aspirer à l'immortalité. Souuenez vous que vous estes escrit en langue viuante, et sachez qu'il n'y a que les langues mortes qui immortalisent les liures aussi bien que le nom de leurs auteurs. Contentez-vous de ce que vous durerez autant que les volumes imprimez des meilleurs rimeurs de ce siècle; mais je ne vous promets pas pour cela une longue vie. Je suis bien aise de vous dire tout cecy afin de rabbattre un peu vos fumées, et de vous apprendre que vous vallez bien moins que vous ne pensez. Qu'il ne vous arriue donc plus de me solliciter jamais de vous mettre sous la presse, allez trouuer Olympe, tout escrit à la main que vous estes, et vous verrez qu'elle vous receura mieux que si vous estiez imprimé.

MUSE NORMANDE.

I.

A FLEURANCHE.

Par menda, ma Fleuranche, i faut que ie te pâle ;
Je sieus si martirey que j'en sieus ahuri ;
Men grouin est pu mor, et pu gaune, et pu pâle
Que le sien d'Alizon quand al' a l'amari.

Par sainte Barge, o meins, vos ête tro retiue,
Vos feriais aragé la bête é le marchant,
Veis tu bien, ma fachon n'est point dé pu chétiue,
Si vo ne le sauais, je sieu dé pu frigant.

Pour tant si je n'ay pas dé cauche d'écarlate
Et si tu ne veys point la plume à men capel ;
Sache que j'ay de quay rauigoté ta rete
Et gressé ten gozier ainla qu'vn coronel.

Acoute un p'tio, men cœur, vechi me n'ordinère ;
Men diner est bâti d'un potage à pinjons,
D'vn gingot de machacre, et pis d'vne p'tite ère
De ces foureus d'oisiaus qu'o nomme des oisons.

Tu éras à ten soupé dequey bouré ta panche,
Car men cro n'est jamais sans vn gros alouyau ;
Et tu pourras ossite y fourer vne trenche,
D'un patey de copin ou de tison de viau.

Mais tu n'as brin le cœur enclein à la menjaille ;
Che n'est pas là dequey fér' aimé men musel,
Et ma fay tu m'aim'rais sans denié ne sans maille
Si me n'esprit était pointu comme vn coutel.

Je ne sieu pas tro fin, je te le débagoule,
Et n'ay pas tant d'espri que tous chais biaus mousieus
Cheniomains queuque fais je lingue de ma goule
Dé propos bien jantis tout ainla qu'vn biau fieus.

Mais queueus ne sont brin plains de chendre musqueye,
Je ne lé vire point atout dé cisiaus caus.
Ma teyte est tout ainchin que Dieu me l'a toqueye,
Et men perpoint n'est point plain de lizais nouviaus.

Niomains, si je voulais vn p'tio do peine prendre,
Je serais m'aruner comme vn genti garchon ;
Et quand j'ay me n'abit de fin dra de holandre
Tou su monde me dit que j'ay bonne fachon.

Quand j'empougne ma luque one s'en s'ret défendre
Vela, disent i tretous, Flebus tou recopi.
En gringotant dessus Couriante ou Salemandre
Je r'fique en belle imeur le cœur pus acroupi.

Or su! va consulter te n'ante et ten biau frère,
Et si je sieus ten fait, tu me le f'ras sauer ;
Ne me fais point mesouan glémi dessu st'afère,
Car dréja je voudrais entre mes bras t'auer.

II.

AUTRES STANCHES.

Chu moruelié d'amour, Chu glorieus, ste beste,
Tire contre men cœur atout se n'erbaleste
Ainchin qui tirerait dessus vn papeguay.
Il a déja vidèy chinquante feys sa gayne;
E chu fripon me fait enduré tant de payne,
Que si me tire enco, par ma fey j'en mouray.

Tou biau, tou biau, tireus, tu dépens trop en fleques;
Laisse moy retoupé pu de chen mille breques
Qui font qu'on pren men cœur pour vn cribre à fourmen;
Couyais vou m'enualet? elà! tost qu'on déniche,
En vain sou men briquet tu traché queuque niche,
Jaque! je ne veus brin de te n'afroquement.

Vére! lojais mousieu; y fait pu de bagare;
Y ran les cretians fos atout sen tintamare,
Pierre, il a pu de train que queuque grand signeur,
Il est tourjou sieuui de dame gelousie,
Au visage gaunet, à la mine trancie;
Seulement à la vey je saumelle de pœur.

Il a chent galfretiais pendus à sa chainture,
No les nomme, soupchons, fau-semblant, imposture,
Anhans et desespairs ossi frais que glachons ;
Lermes et brayemens, vipemans, malrages
Et chent autres coquins qui li serue de pages
Trétous vestus de ner ainla que mors tisons.

Y vient en quien couchant, y fait le bon apôtre
Ainchin qu'un vsurié qui dit sa patenôtre ;
Vo diriais à le vey que chest queuque inochent.
Mais il est pu malin et madrey qu'un vieux singe ;
Et depis qu'une feys dans un cœur il se plinge
No s'en resaque mains que des cros d'un serjan.

Au piautre, cupindon, atout tout ten bagâge
Ne fais point queus Betran tout ten remumenâge.
Va t'en, quien de caleus, men cœur n'est brin pour tey ;
Tu m'as fait renoncher chent fois à la painture ;
Et quand tu n'étais pas maitre de ma fressure,
J'auais pu men plaisi que si j'euss' été rey.

Ainchin disait Betran ; mais au bout de ste plainte
De son pu gros mat, las ! amour li fit attainte ;
Mais tieule que sen cœur ne tirait piey ne main,
Tieuleman qu'en dépit de sen indiferanche,
Il aimit du depis tant et tant sa Fleuranche
Qu'il en deuint pu sec qu'une bote de fein.

III.

Lettre enuiayé a ste gran fame Toinete, malade d'vne bouffisseure a la bedaine ; et su mal venait d'auer estey trop saularde.

St'ieucrit, chelon se n'étiquete,
Set deliurey san museman
A ste grande femme Toinete,
A qui stila qu'écrit souhaite
Deliuranche de sen tourman.

Que su diéble de mal qui boufit ta bedaine
Fut y bien etriquey tout au fin fons de saine ;
Osi l'est dit ainchin par sentenche des cieux,
Qui deit su le cretians se herpé furieux,
Qui se n'aille fiqué dans la mague panchue
D'un ribaud Jacopin o d'Abaisse fessue.
J'ay bien afaire mey qu'il aille labité
Ten biau cors ou nu mal ne deuroit brin bité ;
Et qu'ananant souuan de labit é de paine,
Tu sés dans ten calit pu plate qu'une raine,

A humé dais béchons qui vo font gosillé,
Aualé de vieus velins qui se n'allant fouillé
Dans tais tripes y font vn diantre de rauâge,
Et tu glaimis d'anuy a tout leu tripotâge,
Et seques tou debout, l'espri pu ner que fer.
E quay? y vailliret autant estre en enfer
Que de patir ainchin comme vn poure forsére,
Dolente, debauchayo, et ne sachant que fére.
Ossi dai qu'os avais un rion de santey,
Vo vo saulais de tou par tro de libertey;
Vos aualais par tro de vilaine darrée,
E vo draglais le cidre à trop grande voirrée;
E chu tro de béchon engendre pu de flao
Dans ten ventre ou tu four ainla que dans un sac
Chen que te n'apeti déprauey s'ieumagine,
Mate, fritâge, ognon, lait a pleine tarrine ;
Somme tu maquerais du fourmage moysi
Et si tu chucherais peire de Caresi
Si le queur t'en disait : je ne sieu point un tritre,
Je pâle franchement, car j'ay men franc erbitre ;
Pi je sieu te n'ami, qui deys débagoulé
Men petit sentiman sans brin dissimulé,
Et chest pour ten pourfit que je tiens su langâge,
Affin qu'a l'aueni dans ten vlure pu sâge,
Quand tu s'ras su tes piais san douleur ny demi,
Tu veye à la parfin que je pâle en ami.
Supendant je m'en vouais m'élugé la cheruelle
A traché viteman queuque drogle nouuelle

Qui fache délogé de ten gro tabourin
Chen que n'ont pu Seney, Chiro, ni Tabarin.
Par ma fey, quand je pense à ta déconuenue,
Toinete, en veritey me n'ame d'enhau sue ;
J'en sieus tout delousey et ne m'en pis rauer
Mais je sieus soulagey te le fesant sauer ;
Car pu que mais boudins je t'aime, par S*t*. Blaise,
E j'ay biacou de deul de te veyr en malaise.
O que je seray fier ossité quand su mal
Sera dégredouilley de ten fièble estomal !
Dieu sçait queman j'éray l'ame rauigoureye,
(Car pour steur chité à l'est pu môle que badreye)
Queman je loureray de plaisans ers nouuiaus,
Par feys dedans su mail, par feys dans chais batiaus,
Ou j'iron queuque jour enco, que Dieu le veuille !
Ma Toinete, pourquay n'en songes à la veuille !
Je serais à mes gosse, et su chire le Rey,
Ne serét pas un brin pu gran mousieu que mey.
Je ferais le peuguet, je leuerais la paille,
J'irais su mes ergos comme un coq qui bataille.
Mais, Anne, Anne, ast'heur-chy je sieus pu plat qu'un ais ;
Ten mal à men plaisir fait pu d'un piey de nais ;
E ch'est gran fait, depis que vos ete partie
Ma fey je sens men cœur tourjou piquey d'ortie,
Je sieus tout elujey, rien ne me régaudit ;
Si no pâle, vraman je ne say chen qu'on dit ;
Car tourjou me n'esprit est fiquey su Toinete,
Et je me sens brûler ainla qu'une alumete ;

Outre étou que sen mal me tient encherueley.
E si sen bel écrit ne m'auet consoley,
Ch'était fait de men cors, ch'était fait de ma vie,
Car, aré-je sequais ainchin qu'une rotie;
Mais ossi bien enfin je sequeray tout mort
Si bien tost de ten cors sû quien de mal ne sort.

IV.

STANCHES PITIABLES

SUS UNE ABSENCHE.

Anne, Anne, qui fait apos
De ne point luqué ma Toinete;
J'en per le beyre é le repos,
E j'en ay la fache défaite,
Rien qu'ale ichi bas ne me haite,
Ch'est men pain, men vin et men ros;
Et je s'ray tourjous en soufreto,
S'a ne reuient ichi bien tos.

J'ay biau luire dans le s'écris
De tous nos écriseus d'istore;
Il ont biau proné leu Cloris,
E enueyer bien haut leur glore,
Près de Toinete sont pécore.
En veritay je vo le dis,
E quand j'érais dis écritore
Je n'en diairais jamais le pris.

A veir se nez et sa fachon,
No diairait d'une draite Reyne;
One la veit point san frechon,
Et san que le cœur al'anquaine.
Se n'euil, ma fey, supe l'alaine
Comme un brouetié la béchon.
An u mot, a la belle Elaine
Al ut fait de biautey lichon.

Al a bien chin plais de hauteur,
Pu draite qu'un mas de nauire;
E sen cuit a pu de blancheur,
Que mate, neige, ou blanche chire.
Sen tetin est boule d'iuire,
Sen béc est la mesme doucheur,
Et se n'euil que cacun admire
A pu que Flebus de lueur.

Cupindon se trouve bien fier
Quand i ronfle su sa petrine,
Et prenant sen vol pus altier
Se va fiqué dans sa verrine,
Il en saque fléque bien fine
A touquay; chu biau moruelié
Perche mieux qu' atout jaureline,
Cœur fut y pu dur que l'acié.

Chu biau cors ichy bas plaquay,
A bien pâlé, n'est que la gaigue,
Dans quey la nature a fiquay
Un espri de qui rien ne traine.
A le sieuure ons a de la paine;
Car il est tourjou haut jouquay;
Et n'en est poin, par ma marraine,
Qui contre ly n'ait rebouquay.

Jens ! apres cha, sieu-je un moqueur
Si je prône que sen absenche
Me plaque un tourtel sù le cœur,
Toinete ayant tant d'ieuxelence.
Y n'est pu pour mey de dimanche,
Tou mes jours sont jours de laheur;
Et rien qui set que sa présanche
Me ramerra ma belle imeur.

J'ay biau traché du passetens,
Aucu me s'amis ô compères,
Sans finer, dans men cœur je sens
Malaise, anhan, douleurs amères.
Y n'est, ma fey, point de biaus pères
Set chartrieus, set penitans,
Qui patissent pu de miseres,
Fussent y froquais chinquant' ans.

Ossite qui veit men musel,
Tant élimey et tant blaspheme,
Juge bien que dans men cheruel
Je couue une douleur yeuxtrème.
Je sieus pu maigre que corème,
Et gaune et sec comm' un fritel ;
Et vechite le jour trentième
Que n'ay dénichey de l'otel.

Cacun accourt m'y consolé ;
L'un dit, Betran, que fais tu loque?
L'autre, ne sçais tu pu pâlé,
Repon mey, ma petite broque?
L'autre à men propre nais se moque,
Et chen brocars vient étalé
Contre men chaigrin qui le choque ;
Mais je le fais bien détalé.

Tieul pense tué men chagrin
Me presentant une boulete ;
Et tieul atout un douey de vin,
Et tieul m'ofrant une fillete.
Mais pu tost atou ma gambete
Je me percherais le boudin
Qu'à l'absenche de ma Toinette
J'euss' au cœur jois ser ou matin.

Oui, Toinete, élougney de tey;
Rien ne regaudit ma fressure,
Pour te témogné comme quey
Je t'aime, douche criature,
Ch'est la veritey toute pure,
Ouy, su me n'ame e su ma fey;
Et si vo me trouuais parjure,
Ne faite pus état de mey.

V.

GELOUSIE.

DIALOGUE.

BETRAN, FLEURENCHE.

BETRAN.

Dessu queule erbe as tu piley,
Douche Fleurenche, pâle à mey ?
Tu boude, ma petite rayne.
E la, repon mey, doucho alaine !
Pierre, aga, qu'al a le cœur gros !
Mais encor entrons en propos.
Jaqu' ! al a la goule demise !
Qu'a me fait une mine grise !
Je saumelle, j'ay le frechon ;
Al est pu fraide qu'un glachon.

D'o li vient tieulle équilbourdie ?
En par fin, Fleurenche, ma mie,
Je bouderay de men cotey,
Et hougneray tout comme tey.

FLEURENCHE.

Gens, va bouder tout à ten'aise,
Et hougne tant qui m'en déplaise
Ma fey tu hougneras lontens ;
Car à cha je n'y mets ny prens,
Tritre Betran, cœur de girouete.
Vas nigauder aueu Toinete :
Vas ly dire tes sots prepos,
E mesouan me laisse en repos.

BETRAN.

Fleurenche ?

FLEURENCHE.

Laisse mey là, briche ;
Je n'aime brin les gens qui triche,
Va t'en au grand dieble, Bégaud,
Mine de quien, pendu, nigaud ;
Et que de chinquante ans Fleurenche
Ne te rencontre en sa présenche ;
Ou je te déuisageray,
Et tes chin peus je plumeray.

BETRAN.

Ma Fleurenche, la gelousie
Te trouble ainla la fantaisie,
Mais, ma petite bouche d'arjan,
Acoute ten poure Betran.

FLEURENCHE.

Que me débagoulera-t-ile ?
Tout son fretel est inutile ;
Y n'y pedra que sen latin
Aueuque tout sen vieus potin,
Ch'est un rusey, ch'est un vray b'litre,
Ch'est un vaulage, ch'est vn tritre,
Qui sçait manti bien pouamment.

BETRAN.
Acoute un mot tan seulement.

FLEURENCHE.
Pâle donque mine de plâtre,
E vions un p'tio queul emplâtre,
Tu boutras à ta tréison.

BETRAN.
Tréison ! ch'est tro dire, hon !
Mais viais coum'a me redreche !

FLEURENCHE.
Qu'il est malade qu'on le blêche !
Vo verrais que j'éray le tort.

BETRAN.

O bien sans te hubir si fort
Atout un miet de patienche
Je te contenteray, Fleurenche.
Veys tu, je ne sieu pa si sot
Que je n'entende à demi mot.
Je te vey veni d'une lieue ;
Mais que Dieu te sauue la veue,
Tu luis mal au fons de men cœur.
Va fole, n'ais un brin de peur,
Il est à tey, pa sainct Fiacre ;
E fut-il aussi grand qu'un acre,
Je n'en barais pas un morcel,
Pas le mendre peti coipel
A d'autres qu'à tey, fut à roine ;
Si je mans qu'on me touse en moine.
Che n'est pas que pu de chent souais
Des criature, pu de trouais,
Naient bien rauaudey pour le prendre ;
Mais que tu l'as sçeu bien deffendre.
Dès que te n'euil y mit sen merc
Jaqu'y tint a tey coume terc,
Et ne crains brin ; la plus abile
Atout les gran cros de la ville
De tes pate ne pouroient pas
Le saqué, par saint Nicoulas.

E si tu counaissais tes forches,
Tes biautais, tes douche émorches,
Et le pouuer de ten musel,
Pas ne boutrais dan'ten cheruel
Que pour Toinete, ou pour queuqu'autre,
Je t'allisse enueyer au Piautre.
Aga, quand je viurais chent ans,
(Parnenda que j'ais men bon sens),
Quand tu serais toute breneuse
Tu seras tourjou me n'amoureuse.
Si n'est vray, pisse le bourrel
Un jour atout sen gran coutel
Ma quienne de caboche abatre,
Ou que tout a steur' on me câtre;
E fis de putain si je ments.
O véla d'éfriable sermens !
Après cha, vo deuais, bel erre,
Su su t'article là me craire;
E n'alé point me lanterné,
Me terué, me lantipouné,
M'adréchant di mile sornete.
Pour auoir écrit a Toinete,
Fleurenche, est-che vn si gran de quey
Se tant jandarmé contre mey ?
Je scay bien qu'al a bonne mouse,
E des biautais pour pu de douze,
Non pas, da, douze coume tey,
Qui méritrait auer un rey,

Pour t'n'amoureus, tant t'es aimable,
Douche, mignonne et agriable.
Mais vt ale enco su sa pel
De biautais vn comble boissel,
Est-ch'a dire que je l'aimisse,
Ma Fleurenche, à ten perjudice ?
Mey, je l'aime à la véritey,
Mais ch'est d'autre fachon que tey.
Je sieu se n'ami, sans faintise,
Et te n'amoureus qui te prise,
Et t'aime aueu pu d'ancretey
Que je ne fais ma parentey.
Mais tu dierras, pourquey donc est-che
Que dan st'écrit que tu li adreche
Tu fique prepos coume si
Ten cœur pour elle était traucy ?
Car tu te plains et te délouse.
Velà donc chen qui te ran jelouse ?
Acha, sans m'enbrelucoqué
Ny sur lons discours m'étoqué
Je dis que te n'amour m'ényure
Et que sans ly je ne pis viure.
Si je pâle, y se fique au bout
De ma langue é sen pot y bout.
Si j'ieucris, y hape ma plume
Et dans mes coret il alume
De la flambe, é su biau sorcier
En peinture tout men papier ;

Et quand se no vient à le luire
No ne sçait chen que je veus dire ;
Car no n'y veit qu'élugeman,
Que lermes, hoquets è tourman :
Et quand tieuls propos je débale
Y m'est aui qu'a tey je pâle ;
Tout est Fleureuche a me n'auis,
Ainchi, ses amoureus deuis
Qu'or ains j'enueyis à Toinete,
Alaient à tey, me n'amoureto.
Derrainement je fis bien pis ;
Au piais de men curéy me mis,
Affin d'écuré ma caudière,
Mais quand jeus fini ma prière,
En lieu d'enfilé mes péchais,
Je disais, men cœur ossi, « Mais,
Ma pauure ame est enqueraudeye ;
Ten bel cuil l'a bien écaudeye ;
Tu me fais par trop étriué,
Pense vn p'tiot a me faire *Ave*
Le frit de me n'amour, j'en sue ;
Car tu'amour m'étrangle é me tue.
N'eray-je point le bien enfin
De patrouillé ten biau tétin ? »
Su bouhomme acoutait cheloque,
Etouney en fondeus de cloque.
Pis y me dit, le bon cretian,
Hay ; este vou fo, Bastian ?

Ha! le grand dièble te possède :
Y se mit à crier à l'aide,
Me n'étole, le benaistlé ;
Et mey, viste a joué du pié,
Tandis que le vieuillar s'açoutre
Assistey du clerc et du coutre.
Mesm'orains à men procultens,
Qui n'est ma fey qu'un vieux peteus ;
En lieu de conté me n'afere,
Fleurenche, je me mis à braire,
A viper, à chié des yeux.
Et dire, « Gens ! j'aimerais mieux
Mener tou les jours la carue
Qu'auer ainchi l'ame batue
Du tintamâre que m'y fait
St'amour nichey sous men briquet.
Han, je voudrais estr'a Cancale
Aueuque la rougne et la gale,
Et n'auer point l'entendement
Afflubey de st'élugement.
Pardi, vos éte bien reueche ;
Depi dis ans que je vo prêche
Je n'ay brin encore auanchay,
Cœur endurchy dan ten pichey. »
Chu viés dogue acoutant chechite
Me dit : Palais, est y lichite
De se moquer au nais des gens ?
Fripon, dénichais de cians ;

Autreman vos erais taloche,
Mey qui craignais pour ma caboche,
Pris vite men piey à men cos
Et denichy de là bien tos.
Vey, vey, queman te n'etinchelle
Rauage ma pauure cheruelle.
Car tou su biau sermonneman,
S'adrechait à tey reman,
Et, me n'éfan, je te déclare
Que tu me tiens a te n'amare,
Par ma fey, si bel et si bien,
Que hors tey je ne pense à rien :
Et tou lers jous dan ste penseye,
Ta flambe su men cœur percheye
Coum'un oysel sus un bâton,
Me fait jasé coum'un oison,
Et proné chent étrauagance,
Criant te pâlé, ma Fleurenche.
Que j'ais la tagne si ne vela
Tou fin dret queman le fait va.
Après cha, si ne me croys mie
Par ma bonne fey, me n'amie,
Querbonne ley si tu le veus.

FLEURENCHE.

Apaise tey me n'amoureus,
Tes propos m'ont fort apiteyé,
Va je ne sieu pu dépiteyé ;

Je te r'aime autant que jamais,
Betran ; plaque là tes chin dais ;
Méts tes bras à men cos, yurongne,
Et me lèque deus feys la trongne.

BETRAN.

Fleurenche, que je sieu content !
Et qu'o s'est bien aise pour tant
De veir la fillette ainla douche
Après aueir esté farouche !

FLEURENCHE.

Bon ser, faut aler à l'otel ;
Ne défule point ten capel,
Car vechit'un frait bien yeuxtréme,
Et garde bien d'auer la rième.
Sais tourjou bon garchon, Bétran ;
Tien, men ficus, ramasse ten gan:
Va te caufé dans ta cambrete.
Adieu, ma petite broquete
Laisse alé men bras ó va t'an
Jay haste, ma mère m'aten.

FIN.

VI.

BALADE.

—

Dès que Robin eut veu partir Toinete,
Il quitta là le soin de son troupeau ;
Il jetta bas panetiere et houlete,
Et ne garda rien que son chalumeau.
Il lamenta plus fort qu'un hiérémie,
Il souhaitta mille fois le trépas ;
Et dans son mal il n'a d'autre soulas
Que d'entonner avec sa chalemie,
Triste chanson qui finit par, hélas !
C'est grand pitié d'estre loin de s'amie !

Ces derniers mots, sans cesser, il repete,
Tantost assis sur le bord d'un ruisseau,
Tantost couché sur l'herbe tendrelette,
Tantost le dos appuyé d'un ormeau.
Onc ne mena berger si triste vie ;
Du doux sommeil il ne fait plus de cas,
Plus qu'un hermite il fait mègres repas ;
Dances et jeux ne le contentent mie,
Et dans la bouche il n'a rien qu'vn hélas !
C'est grand pitié d'estre loin de s'amie !

Il n'est berger qui son mal ne regrète ;
Et près de lui bergères du hameau
Viennent chanter filant leur quenouillète
Pour consoler le triste pastoureau.
Mais leur doux chant point ne le solacie,
Tant la douleur le tient dedans ses laqs.
Pour ne les voir il tient les yeux en bas ;
En leur disant, laissez-moi je vous prie,
Puis aussitost reuient à son hélas!
C'est grand pitié d'estre loin de s'amie!

ENVOY.

Fils de Cypris plus malin qu'une pie,
A consoler Robin on perd ses pas ;
Toinete seule avec ses doux appas
Le peut tirer de sa mélancolie.
Rendez la luy, car après tout, hélas !
C'est grand pitié d'estre loin de s'amie !

PORTRAIT DE L'AUTEUR. (¹)

1658.

Mademoiselle, vn bon garçon,
Qui certes n'est pas vne buze,
Qui n'a pas mauuaise façon,
Qui du matin au soir à badiner s'amuse,
Soit à pincer le luth, soit à versifier,
Composant épîtres jolies,
En quoy tous escriuains il pourroit deffier;
Mais ce n'est qu'en cas de folies.
Un garçon, dis-je, qui peut bien
Entrer dans vn noble entretien,
Et qui dans les belles ruelles
Jase bien mieux qu'vn perroquet,
Et dont dames spirituelles
Approuuent assez le caquet :
Ny vieux, ny jeune, entre deux âges,
Qui n'est pas des plus foux, qui n'est pas des plus sages,

(¹) Adressé à mademoiselle de Langle, pour mademoiselle de la Luzerne, son amie, à laquelle l'auteur voulait se faire connaître, désirant entrer en relation avec une jolie personne dont il admirait la prose et les vers.

Qui les dames respecte fort,
Bon à tout, complaisant, accort,
Et qui sur bien des gens a bien des auantages.
Enfin ce garçon, tel qu'il est,
Désire sçauoir, s'il vous plaist
Qu'il fasse avec vous connoissance,
Et si vous voulez bien luy faire la faueur
De luy donner le nom de vostre seruiteur.
Tout rempli de respect et d'humble obéissance,
Mademoiselle, accordez-luy
Ce cher bien qu'il attend auec impatience,
Sinon il en mourra d'ennuy
Ayant nourry son cœur de si douce espérance.

GLOSSAIRE.

A.

ACOUTRER (s'), s'habiller.
AFFLUBEY, affublé, enveloppé.
AFROQUEMENT, compagnie.
AGA ! voyez, voyez donc.
AHAN, gémissement, fatigue.
AHANER, plaindre, fatiguer.
AINCHIN, ainsi, de même.
AINLA, ainsi, aussi bien.
AIS, planche.
AL', elle.
AMARE, attache.
AMARI, maladie de langueur.
ANCRETEY, acreté-force, vivacité
ANNE ! hélas !
ANQUAINER, enchaîner.
ANTE, tante.
APOS, ennui.
ARUNER (s'), s'arranger.
ATOUT, avec.

B.

BADREYE, bouillié, marmelade.
BARER, donner.
BÉCHON, boisson.
BÉGAUD, niais, sot.
BITER, toucher, mordre.
BLASPHÈME, blême.
BRENEUSE, couverte d'ordures.
BRÈQUES, brèches.
BRICHE, terme de mépris, vaurien
BRIN, non, pas, rien.
BRIQUET, tête, cervelle.
BOUDINS, entrailles, boyaux.
BOUTER, mettre.

C.

CABOCHE, tête.
CACUN, chacun.
CALEUS, fainéant.
CALIT, lit.
CAUCHE, chausses, bas.
CHALEMIE, chalumeau.
CHECHITE, ceci.
CHELOQUE, cela.
CHEN, ce.
CHENIOMAINS, ce néanmoins.
CHIN, cinq.
CHIRO, sirop.
CHU, ce.

Chucher, sucer.
Cians, céans, ici.
Coipel, copeau.
Copin, dindon.
Corême, carême.
Coret, entrailles.
Coronel, colonel.
Couriante, courante (danse).
Coutre, sacristain.
Couyais-vou, croyez-vous.
Cuit, cuir, peau.

D.

Darrée, denrées, aliments.
Debagouler, dire, conter.
Debauchaye, désolée.
Dépuler, ôter, défaire.
Déguedouillet, parti, délogé.
Délouser (se), se lamenter.
Délousey, triste, affligé.
Deni (ni), aucun, aucune.
Depiteye, fâchée.
Deul, chagrin, tristesse.
Dragler, avaler.
Drogle, drogue.

E.

Elimey, usé, fatigué.
Elougney, éloigné.
Eluger, tracasser, tourmenter.
Elugement, tracas, tourment.
Embrelucoquer (s'), s'embarrasser.
Encherveltz, hébété.

Enquerraudeye, ensorcelée.
Equilbourdie, humeur, fantaisie
Erre, dame, maîtresse.
Ere, aile.
Etoquer (s'), s'appuyer.
Etou, aussi.
Etriquey, abîmé, resserré.
Etriver, enrager, tourmenter.

F.

Finer, ruser, faire le fin.
Fiquer, ficher, attacher.
Flic, vent.
Flambe, flamme.
Flébus, Phébus.
Fleques, flèches.
Frechon, frisson.
Fressure, individu.
Fretel, jargon, babil.
Frigant, fringant, coquet.
Fritel, hareng saur.
Fo, fou.

G.

Galefretiais, gueux, misérables
Gambette, épée.
Gaune, jaune.
Gaunet, jaunet.
Gens! mot exclamatif.
Glaimir, Glémir, languir.
Gosse, joie, plaisir.
Gringotant, fredonner, chantonner.

H.

HAITER, plaire.
HERPER (SE), se cramponner.
HOUGNER, grogner.
HUBIR (SE), se fâcher.

I.

IVIRE, ivoire.

J.

JAQUE! mot exclamatif.
JAVELINE, javeline, dard.
JENS! mot exclamatif.
JOUQUAY, juché, perché.

L.

LABIT, douleur, peine.
LABITER, tourmenter.
LANTERNER, amuser, faire attendre.
LANTIPOUNER, marchander.
LÉQUER, lécher.
LICHON, leçon.
LINGUER, parler, jaser.
LIZAIS, liserés.
LOJAIS, léger.
LOQUE, là.
LOUBER, chanter.
LUIRE, lire.
LUQUE, luth.
LUQUER, voir, regarder.

M.

MACHACRE, viande.
MADREY, rusé.
MAGUE, gros ventre.
MAINS, MEINS, moins.
MAQUER, manger.
MAT, flèche.
MATE, lait caillé.
MEN DÁ, mon Dieu.
MENDRE, moindre.
MERC, marque, signe.
MESM'ORAINS, même naguères.
MESOUAN, désormais.
MIE, point.
MIET (UN), un peu.
MORVELIÉ, petit morveux.
MOUSE, gueule, langue.
MUSEMAN, retard, délai.

N.

NER, noir.
NIOMAINS, néanmoins.
NO, on.

O.

OMEINS, au moins.
ONC, jamais.
ORAINS, alors, naguères.
OSSITE, aussi.

P.

PALER, parler.
PAPEGUAY, oiseau de tir.
PARMENDA! par Dieu!
PATROUILLER, manier, tâter.

Peire de Cabesi, poire de Carsix.
Percher, percer.
Perpoint, pourpoint, habit.
Peuguet, fier, cossu.
Peus, cheveux.
Pi, puis.
Piler, fouler, marcher.
Piautre (enveyer au), envoyer paitre — au diable.
Pinjons, pigeons.
Pisse, puisse.
Pitiables, dignes de pitié.
Potin, babil.
Pouamment, puissamment.
Poure, pauvre.
Proculteus, procureur.

Q.

Querbonner, charbonner.
Queus, chez.
Queveus, cheveux.
Quien, chien.

R.

Ramerra, ramènera.
Raver, sauver, retirer.
Ravauder, travailler.
Ravigourey, remise, consolidée.
Raine, grenouille.
Rebouquer, céder, fléchir.
Récopi, reproduit, semblable.
Regaudir, réjouir.
Resaquer, retirer.

Retouper, boucher, réparer.
Rieme, rhume.
Rion (un), un brin.
Rougne, teigne.

S.

Sainte Barge, sainte Barbe.
Salemandre, allemande (danse).
Saquer, tirer.
Saularde, soularde.
Saumeller, être saisi, bouleversé.
Sequer, sécher.
Ser, soir.
Ses, sois.
Si, aussi.
Solacier, soulager.
Sonmes (n'en), n'en sommes.
Soulas, consolation, plaisir.
Stila, celui-là.
Su, ce.
Super, humer, aspirer.

T.

Tabarin, tamarin.
Terc, goudron.
Terver, tromper.
Tieul, tel.
Toqueye, frapper, mouler.
Touquay, touché.
Tourtel, gâteau rond.
Touser, tondre.
Tracher, chercher.

Thitre, traître.
Trouais, trois.

V.

Vailliret, vaudrait.
Véchi, Véchite, voici.
Vère! vraiment.
Verbine, œil.

Viais, vions, voyez, voyons.
Vipemans, cris, grincements.
Viper, crier.
Virra, tourner.
Voirrée, verrée.

Y.

Yeuxtrème, extrême.

FIN.

TABLE.

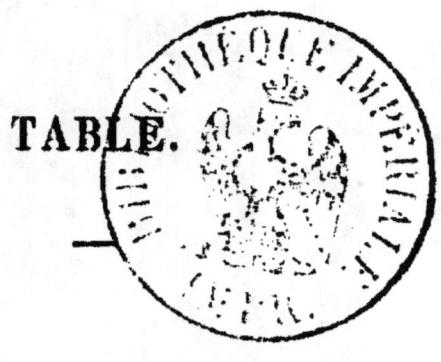

	PAGES
L'Editeur.......................................	v
Déclaration de l'Autheur en faveur d'Olympe .	3
L'Autheur à son Livre manuscrit	4
Muse normande. — A Fleuranche	7
Autres Stanches...........................	10
Lettre enuiayée à s'te gran fame Toinette, malade d'vne bouffisseure à la bedaine	12
Stanches pitiables sus vne absenche.........	16
Gélousie. — Dialogle...........	21
Balade....................................	31
Portrait de l'Autheur	33
Glossaire.................................	35

www.ingramcontent.com/pod-product-compliance
Lightning Source LLC
LaVergne TN
LVHW022144080426
835511LV00008B/1249